AF357128

DOCUMENT

RELATIF A L'HISTOIRE

DES PROCÈS DE SORCELLERIE

DANS LE HAUT-RHIN

DANS LA

SECONDE MOITIÉ DU SEIZIÈME SIÈCLE.

COLMAR

CHEZ EUGÈNE BARTH.

1869.

DOCUMENT

L'HISTOIRE DES PROCÈS DE SORCELLERIE

DANS LE HAUT-RHIN

DANS LA

SECONDE MOITIÉ DU SEIZIÈME SIÈCLE.

Il n'est point d'erreur et d'égarement dans lequel la raison humaine ne puisse tomber. Chaque siècle a ses préjugés, ses superstitions, dont les hommes graves et éclairés ne peuvent eux-mêmes se défendre ; sous lesquels les hommes supérieurs sont forcés de courber la tête, aussi bien que les hommes médiocres et vulgaires. Tel est l'empire que l'esprit du siècle et l'éducation exercent sur l'intelligence humaine.

Et lors seulement que nous reportons nos pensées en arrière, lorsque d'un regard nous embrassons cette série de siècles de ténèbres et d'ignorance ; lorsque, d'un coup-d'œil, nous mesurons l'abîme immense qui nous sépare de ce monde passé à jamais, nous sommes étonnés

du chemin que l'humanité a parcouru, des progrès salutaires qui se sont opérés dans l'état de
la société ; et nous nous demandons avec sur-
prise comment la raison humaine a-t-elle pu
surmonter tant d'obstacles qui s'opposaient à
son affranchissement, comment la lumière a-t-
elle pu vaincre toutes ces entraves !

En feuilletant le grand livre de l'histoire, en
passant en revue les égarements qui, tour à
tour, ont aveuglé l'intelligence de l'homme, on
n'en trouve pas, peut-être, qui ait eu des con-
séquences plus déplorables que la sorcellerie,
la croyance à l'existence d'esprits infernaux et
malfaisants, et à leur influence sur les choses
humaines. En vous rappelant les crimes atroces
que cette croyance a fait commettre, les flots de
sang qu'elle a fait verser, les innombrables
meurtres judiciaires dont elle a été la cause, ne
sentez-vous pas involontairement le rouge vous
monter au front ? Ne voulez-vous pas vous défendre d'un sentiment de honte qui, malgré
vous, vient s'emparer de votre âme, au souvenir de cette aveugle superstition qui dominait
l'imagination de nos ancêtres ?

L'origine de cette croyance se perd dans la
nuit des temps, aucun pays, aucune nation n'a
pu se soustraire entièrement à son empire ; elle
a pesé sur l'humanité dans l'antiquité comme
dans les siècles de l'ère nouvelle ; le christianisme en a souffert autant et plus encore que
le paganisme.

C'est que ce désir ardent de connaître et de
besoin pressant de sonder et d'approfondir des

abîmes qui doivent à jamais être inaccessibles
à nos regards, est comme un instinct inné à
l'homme, inséparable de l'essence de son être,
qui le domine à tous les âges, dans toutes les
situations de la vie, dans toutes les conditions,
dans l'enfance comme dans la vieillesse, dans
l'ignorance comme dans la lumière, dans le
bonheur comme dans l'adversité.

Quel est celui d'entre nous qui ignore le rôle
brillant qu'a joué l'art de la divination chez les
peuples de l'antiquité? Les oracles, le dire d'un
jongleur, n'ont-ils pas souvent décidé, non-seu-
lement de l'issue des batailles, mais des destinées des empires, du sort des nations.

Le Christianisme recueillit dans l'héritage
du monde païen cette superstition transmise de
père en fils, de peuple à peuple, de siècle à
siècle. Le préjugé avait jeté des racines trop
profondes pour qu'il eût pu le détruire et l'extirper ; il ne put que le modifier.

La superstition acquit même une nouvelle
force par son alliance avec la croyance à l'existence de Satan et à son influence sur les destinées humaines. La persuasion qu'il était possi-
ble à l'homme d'entrer en rapport avec le génie
du mal, avec Satan et ses esprits infernaux, soit
pour acquérir à leur aide et en leur vendant son
âme dans l'autre vie, des avantages temporels,
dévoiler l'avenir, cette soif brûlante de recher-
cher et de comprendre ce qui est occulte ; ce
soit pour assouvir ses sentiments de vengeance
contre des ennemis, pour leur causer du dommage ou amener leur perte, se répandit géné-

ralement dans les siècles du moyen âge. Plus devenaient profondes et impénétrables les ténèbres de l'ignorance, moins on pouvait expliquer d'après les lois organiques de la nature les phénomènes qui sortaient de la sphère des événements ordinaires, plus cette superstition, sur l'influence du diable, sur les destinées de l'humanité, gagnait de terrain et étendait son empire. La sorcellerie plane comme un spectre sur tout le moyen âge ; l'aveuglement était universel, et il y avait autant d'impiété à révoquer en doute l'existence du démon et de ses aides qu'à nier l'existence de Dieu.

Les contes les plus étranges, les plus extravagants circulaient dans le pays sur les calamités dont Satan abreuvait le genre humain ; sur les artifices, les séductions qu'il employait pour perdre les âmes et les entraîner dans l'enfer ; sur les mille formes diverses que revêtaient le diable et ses acolytes pour tromper les faibles ; sur les maléfices que les sorciers et les lutins, ceux qui s'étaient voués au culte de Satan, faisaient aux hommes et aux animaux. Chaque province, chaque ville, chaque village, jusqu'au dernier hameau, avait sa tradition ; toute l'Europe ne paraissait peuplée que de sorciers et de lutins. L'ignorance, la crédulité, la peur, grossissaient sans cesse ces absurdes rumeurs. Les hommes étaient sous le poids d'une crainte continuelle ; ils ne savaient assez être sur leurs gardes, assez se prémunir contre les embûches que leur dressaient le diable et ses génies infernaux ; ils ne savaient assez éviter de tomber dans ses filets.

L'histoire de la science de la sorcellerie, des sciences noires et occultes, de l'art de prédire l'avenir, d'opérer toute sorte d'effets merveilleux par l'évocation ou par le concours d'esprits infernaux, fait partie de l'histoire du moyen âge. Durant ces siècles la puissance des sorciers et des magiciens ne connut point de bornes. Qui ne connaît point l'influence que dans des siècles plus rapprochés de nous, l'alchimie, l'astrologie, ont exercé souvent, même sur des hommes de génie, sur des monarques, des hommes d'état, des généraux, des savants ?

Et comme celui qui s'adonnait au diable devait nécessairement abandonner et renier Dieu ; comme celui qui pouvait renoncer au salut éternel de son âme. pour jouir sur la terre de quelques profits mondains, devait nécessairement avoir de mauvaises intentions et le cœur dépravé ; comme enfin cet art damnable menaçait incessamment les hommes dans leur vie, dans leur santé et dans leurs biens, la sorcellerie était réputée le plus grand des crimes. La législation barbare de ces siècles assimilait ce crime illusoire à celui de l'hérésie, et les flammes consumaient sans pitié celui qui en était convaincu ou seulement accusé.

Si l'eau bénite, les reliques, les chapelets, l'excommunication du prêtre ne pouvaient vaincre les maléfices des sorciers et des magiciens, le juge du moyen âge était moins impuissant contre ces malheureux. Les sorciers ne trouvaient point de grâce devant les tribunaux. C'était en vain s'ils tentaient d'émouvoir le cœur du magistrat ; ils étaient impitoyablement condamnés au dernier supplice : le feu pouvait seul expier le plus grand de tous les forfaits ; car, d'après la jurisprudence d'alors, le crime de sorcellerie renfermait à lui seul quinze autres crimes, dont le moindre méritait la mort.

Les accusations les plus absurdes suffisaient pour mettre la justice sur les traces d'un sorcier. La procédure suivie à leur égard, était des plus expéditives et des plus sommaires ; et quel que fût le système de défense de l'accusé, l'issue du procès était toujours la même : la mort les attendait irrévocablement, qu'ils fissent l'aveu du crime qu'on leur imputait, ou qu'ils le niassent. S'ils refusaient d'en convenir, la torture était là avec ses horribles tourments pour leur arracher l'aveu d'un crime qu'ils ne pouvaient avoir commis.

Les sorciers étaient privés du peu de garanties que la législation sauvage de ces temps assurait aux autres accusés. La loi permettait de leur appliquer la question, même dans les cas où elle en défendait l'usage dans les procès ordinaires. Ils subissaient un simple interrogatoire de quelques instants, et, à défaut de preuves concluantes, les allégations les plus extravagantes, les plus frivoles suffisaient au juge pour les condamner !

Avec un tel système, les coupables ne pouvaient point manquer. Aussi les bûchers se dressèrent-ils de toutes parts, et des milliers de malheureux expièrent, dans les plus affreux tourments, un crime que ne pouvait exister !

Tantôt c'était un homme ou une pauvre fille accusés d'avoir signé un pacte avec Satan ; tantôt, c'était un savant qui, pour avoir des connaissances plus étendues que le vulgaire, ne pouvait les devoir qu'aux inspirations de l'enfer ; tantôt, le sorcier ou la sorcière avaient, par leurs maléfices, suscité un orage, fait dévaster par la foudre ou la grêle le champ de leur voisin ; tantôt ils avaient, par le secours des esprits infernaux, occasionné une maladie, une contagion, ou jeté un sort sur des troupeaux, et les avaient ainsi frappés de mortalité ; le plus souvent, c'était une vieille fille ou matrone, dont tout le crime consistait à vivre depuis cinquante, soixante, soixante-dix ou quatre-vingts ans, d'être maigre ou desséchée, et couverte de rides. Mille autres accusations de même force et plus absurdes encore alimentaient sans cesse les bûchers !

L'aveuglement était tellement profond, que des visionnaires se crurent eux-mêmes des sorciers ; que des hommes dont l'imagination était frappée des mille contes qu'ils entendaient tous les jours retentir à leurs oreilles, allaient se dénoncer et se livrer volontairement à la justice.

En 1484, les procès de sorcellerie furent solennellement introduits en Allemagne, par une bulle du pape Innocent VIII, et un code, publié en 1489, sous le titre de *Malleus maleficorum* (marteau des maléfices), et qui parut sous l'approbation spéciale de l'autorité, déterminait les règles de l'instruction et de la procédure à suivre envers les sorciers et les sorcières.

Au milieu de ces ténèbres, la lumière perçait bien de distance en distance. Des hommes de génie, qui devançaient leur siècle, s'élevaient avec énergie contre cette triste superstition, et cherchaient à opposer une digue aux progrès et aux effroyables dévastations d'un aveuglement si funeste. Ce fut en vain. Leurs nobles efforts ne purent déchirer le bandeau épais qui couvrait les yeux des peuples; leur voix fut étouffée par les cris d'une stupide ignorance, et alla se perdre dans les ténèbres.

Néanmoins, ces généreux essais ne furent pas tout-à-fait sans résultat. Les accents de la raison et de la vérité jetèrent l'indécision dans quelques âmes; le doute s'empara peu à peu des esprits, et prépara ainsi les yeux à ne pas être ébloui par l'éclat de toute la lumière.

La renaissance des arts et des sciences aux quatorzième et quinzième siècles ne put extirper cette prévention fatale, pas plus que la réforme religieuse du siècle suivant. Cette superstition survécut aux coups terribles qui firent s'évanouir tant de préjugés surannés. Le dix-huitième siècle devait encore, même dans ses dernières années, assister, dans plusieurs pays de l'Europe, au spectacle honteux et déchirant du supplice de sorciers! Et aujourd'hui même cette croyance antique est loin d'avoir perdu tout son empire sur les esprits; elle n'est pas encore entièrement effacée de nos mœurs.

Toutefois, battue en brèche, attaquée incessamment par les armes de la raison et de la vérité, de la science et des lumières, et par la législation même, elle perd tous les jours quelques pieds de son terrain, et finira tôt ou tard, il faut l'espérer, par disparaître entièrement et sans retour.

En Alsace, comme ailleurs, cette superstition a fait d'innombrables victimes ; des milliers de prétendus sorciers ont été exterminés par le fer et le feu, et ont rougi le sol natal de leur sang innocent. Ces persécutions atroces, il faut le dire, quoique à regret, se sont étendues jusqu'à des temps qui ne sont pas encore fort éloignés de nous. Il y a deux siècles justement, encore au commencement du dix-septième siècle, de 1615 à 1635, dans l'espace de vingt années seulement, il n'y eut pas moins de cinq mille sorciers brûlés dans l'évêché de Strasbourg. Entendez-vous, cinq mille innocents immolés à un vain préjugé, à une superstition illusoire, dans un si court espace de temps ! Les archives de la préfecture du Bas-Rhin sont là pour attester la vérité de cette assertion.

Et aujourd'hui même, à l'heure qu'il est, parcourez nos villes si industrieuses, nos villages si tranquilles et si laborieux, et vous trouverez encore, non seulement dans le souvenir des vieillards, mais chez la jeunesse joyeuse, cette tradition antique, vivante, palpitante !

Il est entre autres une vallée superbe que vous avez peut-être déjà parcourue, et dont vous aurez alors admiré les charmes ineffables

que la nature y a semés à pleines mains, où
cette croyance existe encore dans toute sa force ;
c'est la belle vallée de Münster, dans le Haut-
Rhin.

Questionnez une fois les habitants de ces
vallées fraîches et riantes, et vous recueillerez
de leur bouche l'historique des maléfices divers
que les sorciers jettent tous les jours encore
sur leurs troupeaux et leurs moissons. Et si,
par hasard, il vous arrivait d'élever le moindre
doute sur ce que vous venez d'entendre, vous
verriez le montagnard vous démontrer grave-
ment, la Bible à la main, l'existence de Satan
et de ses esprits infernaux. Eh bien ! jugez
d'après cela combien les sorciers et les lutins
ont dû être fréquents dans ces montagnes boi-
sées, il y a quelques siècles, combien ces
beaux vallons ont dû être infestés par les lutins
et les esprits malfaisants de l'enfer !

Les petites archives de la ci-devant ville libre
et impériale de Münster, dans la vallée de
Saint-Grégoire, renfermaient, à la fin du dernier siècle, une collection de lettres et de
missives éparses dans dix-huit gros volumes in-
folio. Cette collection, dit l'auteur auquel j'em-
prunte ces détails, embrasse un espace de
temps de deux cents ans ; elle commence dans
la seconde moitié du quinzième siècle, et va,
presque sans interruption, jusqu'à la fin du
dix-septième siècle. Les lettres sont adressées
par le magistrat, l'abbé ou le greffier de Münster
à différentes personnes demeurant dans diverses
localités. Elles contiennent tantôt un avis sur

des affaires politiques qui concerne quelque ville ou le Saint-Empire lui-même ; tantôt c'est un mémoire ou une consultation sur des questions de droit ardues et difficiles ; tantôt encore ces lettres sont relatives à des affaires particulières, et donnent des aperçus très-instructifs sur l'esprit, les mœurs et les usages de nos ancêtres.

Mais cette collection attire en même temps l'attention de l'amateur de l'histoire d'Alsace. En parcourant ces dix-huit formidables volumes poudreux, il se voit ramené parfois dans des temps plus reculés, et il n'est pas rare qu'à des endroits où il s'y attendait le moins, il soit tout étonné de découvrir, isolés et comme perdus entre des lettres d'une date bien postérieure, des actes, des pièces, des relations pleines d'intérêt sur des événements du douzième jusqu'au quinzième siècle.

Sous ce rapport, la collection de Münster renfermait entre autres un grand nombre de lettres et de documents relatifs à des procès de sorcellerie ; c'étaient pour la plupart des consultations adressées par des jurisconsultes et des docteurs de Strasbourg au magistrat de Münster, mémoires qui, il faut le reconnaître en l'honneur des savants strasbourgeois, penchaient toujours pour la clémence et l'indulgence. Un autre document précieux, inséré après plusieurs lettres datées de 1596, fait comme le complément de ces missives : c'est un code complet, renfermant des instructions adresseés au juge sur le mode de procédure à suivre contre les sorciers.

Un vénérable ecclésiastique qui, pendant de longues années, était pasteur à Münster, dont le souvenir vit encore au fond de la vallée de Saint-Amarin, et dont le nom est encore prononcé avec un profond respect par les habitants de ces vallées, feu M. Lucé, le digne ami du célèbre chantre alsacien Pfeffel, et qui lui-même était visité par les muses, a découvert cette pièce curieuse dans les archives de Munster, et c'est d'après son manuscrit, copié sur l'original, que je transcris les passages les plus marquants de ce remarquable document, qui, malheureusement, a été suivi dans la pratique de préférence aux consultations charitables des légistes de Strasbourg.

Je ne sais si ces documents existent encore. Des recherches qu'un parent de feu M. Lucé a bien voulu faire sur ma prière, et qui sont restées infructueuses, feraient croire que ces volumes ont été égarés, comme tant d'autres titres précieux, pendant nos orages révolutionnaires.

Je suis donc forcé de me borner aux extraits suivants tirés du manuscrit qu'un hasard a fait tomber entre mes mains.

L'auteur, dont le nom et le domicile ne se trouvent indiqués nulle part, parle d'abord de la *grandeur* et de la *malignité* du crime de sorcellerie. « Ce crime, dit-il, est tellement im-
« mense qu'il comprend en lui presque tous les
« autres délits et les surpasse tous. Car il dés-
« honore et outrage la majesté suprême de Dieu;

« il blesse l'autorité et toute la communauté chré-
« tienne ; il fait commettre les péchés les plus
« grossiers et les plus honteux; il souille et en-
« dommage, au détriment de toutes les créatures,
« les hommes, les animaux, l'air et les éléments,
« les moissons, les blés, les légumes et les fruits ;
« et ce qui est encore le plus grand préjudice que
« cause ce crime, il prive le corps et l'âme du pa-
« radis promis et de la patrie céleste, et il associe
« ceux qui s'y adonnent à nos ennemis implaca-
« bles, aux esprits damnés et impies de l'enfer !
« c'est pour cela aussi que ceux qui sont possédés
« de la sorcellerie, sont appelés, dans le langage
« légal, ennemis du salut des hommes (*Feinde
« des menschlichen Heils.*) »

Après cette introduction , l'auteur indique
ce que des *juges probes* doivent *savoir* et *faire*
pour remplir leurs fonctions avec conscience et
en connaissance de cause. Qu'ils apprennent
avant tout, dit-il, qu'ils s'appliquent avant tout
à distinguer les *indices* ou les *marques* auxquels
ils reconnaissent s'ils ont la faculté et le droit
d'arrêter les suspects et de les mettre à la torture. L'auteur passe sous silence les cas con-
nus qu'il appelle les cas *incontestables* (*die un-
streitigen Fälle*), tels que celui lorsque des personnes suspectes sont surprises et saisies en
flagrant délit dans des lieux étrangers , dans la
cuisine ou la cave d'autrui , ou dans les forêts,
ou lorsqu'elles se trahissent elles-mêmes en pre-
nant la fuite. Il passe ensuite aux cas *difficiles*,
c'est-à-dire , à ceux où des personnes sont en
mauvaise odeur , sans qu'il existe cependant

contre elles des preuves certaines , principale-
ment lorsqu'elles ont été désignées comme complices par des sorciers , avant leur exécution.
Là où ces deux circonstances se rencontrent,
surtout lorsque le supplicié a persisté dans sa
dénonciation au moment de sa mort, il y a toujours motif suffisant pour l'arrestation et l'ap-
plication de la question.

« Je sais bien, continue-t-il, que plusieurs
« académies, parmi lesquelles il cite Bologne
« (*Bononien*), Padoue, Fribourg et Ingolstadt,
« diffèrent d'avis et combattent cette opinion,
« et prétendent que de semblables témoins sont
« infâmes et parjures en Dieu, et ne méritent
« pour cette cause aucune créance; mais, ajoute-
« t-il, comme le crime de sorcellerie est un
« crime secret et caché qui ne peut jamais être
« commis sans la participation de complices, il
« est permis d'arrêter et d'appliquer la question
« sur de simples dénonciations; l'objection que
« ces témoins sont infâmes et parjures, ne prouve
« rien ou prouve trop. Car comment se ferait-
« il qu'un juge pût avoir le témoignage de per-
« sonnes pieuses et probes ? Un homme pieux
« ne peut avoir connaissance et déposer de pa-
« reils forfaits, à moins qu'il n'ait lui-même au-
« paravant perdu toute conscience , et qu'il ne
« se soit engagé dans la société damnée, en sa-
« crifiant corps et âme. Et dans le cas où l'on
« ne voudrait pas s'en référer au dire d'un seul,
« il faudra bien admettre la déposition de deux
« ou de plusieurs pour qu'ici s'accomplisse aussi
« ce qu'a dit notre Sauveur, Saint- Mathieu ,

« XVIII, que la certitude de toute chose doit
« dépendre de la *parole de deux ou de trois té-*
« *moins.* »

Toutefois le prudent écrivain observe qu'envers des personnes de rang et de condition plus
élevée, particulièrement envers des ecclésiasti-
ques et des docteurs, il faut avoir des preuves
plus complètes et plus certaines, parce que, dit-
il, ces hommes, en leur qualité de directeurs,
de maîtres et d'instituteurs du peuple, sont na-
turellement plus exposés que d'autres aux traits
de l'envie et de la jalousie, et ne peuvent com-
plaire à tous dans l'exercice de leurs fonctions
ou de leur autorité.

Après s'être livré à cette discussion de différentes espèces d'indices, discussion que l'auteur
a soin de qualifier lui-même d'examen *appro-*
fondi, équitable et *impartial,* il passe à *l'interro-*
gatoire, aux différentes questions que des juges
et des examinateurs sages et prudents doivent
adresser aux accusés avant et pendant l'applica-
tion de la question.

Voici la traduction littérale de son formu-
laire :

« On demande, dit-il, qnel est l'hommage
« que les sorcières et les lutins rendent à l'es-
« prit damné, et le serment qu'ils lui prêtent. De
« quelle manière et avec quelles solennités et
« cérémonies cela a lieu. Comment ils sont ve-
« nus chez lui. Ce qu'ils lui ont promis. En
« quels termes ils ont fait la promesse. Quelle
« promesse réciproque le diable leur a donnée.
« Quel profit, argent, honneur et bien ils espè-

« rent obtenir de lui. De quelle manière ils ont
« été transportés sur les lieux où se célèbre le
« sabbat et les danses magiques. S'ils y vont ou
« s'ils y sont conduits à pied. En quoi consiste
« la graisse de sorcière (*Hexen-Schmaer*), dans
« quels lieux et avec quels artifices les sorcières
« la préparent et la cuisent. Avec quelles choses
« elles blessent et tuent les hommes, les ani-
« maux et les fruits. Quelles sont celles qui se
« rendent d'abord aux danses magiques, et celles
« qui y viennent après. S'il est bien certain
« qu'elles traversent les airs en figure corporelle
« et veillant pour se rendre à leurs assemblées.
« Avec quelle occasion, ou à l'aide de quels
« moyens elles font le trajet. Si parfois elles n'en
« ont peut-être que rêvé. Si, lors de
« ces réunions, elles voient leurs confrè-
« res et les esprits infernaux par l'effet
« d'une fascination, ou si elles les y voient de
« leurs yeux corporels, réellement et véritable-
« ment. Quels sacrifices et services elles ren-
« dent et sont obligées de rendre à leur idole.
« Ce qu'elles ont à faire avec le plus de zèle et
« le plus souvent. Combien et quelles personnes
« ensorcelées se sont trouvées avec elles aux
« lieux d'assemblée et auprès des esprits infer-
« naux, et quelle est la durée ordinaire des ré-
« unions. Ce qu'elles y font. Combien de temps
« elles ont l'habitude d'y rester ; à quels endroits
« se tiennent ces assemblées, si c'est dans des
« lieux sauvages, sur les montagnes, dans des
« maisons d'autrui, etc. »

L'auteur aborde ensuite le *mode d'appliquer*

la question (die Art und Weise zu foltern).

L'équité et la pitié exigent bien, dit-il en commençant, que l'on ménage les coupables qui sont de même nature que nous, et qui, comme nous, ont de la chair et du sang, et qu'on leur épargne des questions difficiles et pénibles. Cependant le droit permet, et la raison l'apprend déjà, de torturer plus rudement que dans les cas ordinaires, parmi lesquels le crime de sorcellerie occupe la première place. Toutefois, les docteurs les plus savants sont encore indécis, s'il faut, avant de procéder à cette opération, couper les cheveux aux sorciers, les laver sur tout le corps et ne les revêtir que d'un sac ; néanmoins l'affirmative paraît préférable, pour que ni la poussière d'enfer, ni les racines et les signes magiques ne puissent leur donner quelque charme, les rendre invulnérables et les empêcher d'avouer leur méfait. Des académies célèbres diffèrent également sur la question de savoir si, après avoir fait subir la question à deux reprises, le juge est autorisé à l'appliquer une troisième et une quatrième fois ; cependant le plus grand nombre décide que l'on ne doit questionner personne plus de trois fois, et cela à trois jours différents, et toujours quatre ou cinq heures seulement après le dîner.

Quant à la torture en elle-même, il est toujours prudent de s'en tenir à celle qui est usitée dans le pays, pour ne point risquer que les les questionnaires poussent trop loin leur zèle, et, par suite de leur inexpérience des instruments de torture, cassent bras et jambes aux

coupables, ou les empêchent de faire l'aveu par une mort subite. Qu'on ne les submerge donc pas dans des eaux profondes, qu'on ne les fasse pas tirer non plus par des chevaux, ni marcher sur des charbons ardents ou sur des fers rougis ; ces tourments barbares sont directement contraires à la clémence de notre mère à tous, de l'Eglise chrétienne. (Quelle clémence !)

D'autres, au contraire, recommandent comme le moyen le plus facile et le plus éprouvé le *tormentum insomniæ*, ou la question de l'insomnie, que notre auteur décrit en ces termes : « Le cou-« pable est assis sur un banc entre deux valets « chargés d'empêcher soigneusement qu'il ne « dorme ni la nuit ni le jour. Et s'il arrive que « le coupable laisse tomber la tête d'un côté, « et veuille s'endormir, le valet, placé de ce côté, « le pousse et lui relève la tête. Le valet, assis « de l'autre côté, agit de même si le coupable « incline la tête et se penche vers lui pour s'en-« dormir. Lorsque ces valets sont fatigués et « sentent eux-mêmes du sommeil, ils sont rem-« placés par d'autres qui, comme eux, n'accor-« dent au coupable ni le repos ni la place pour « dormir, jusqu'à ce qu'il ait *volontairement* « tout avoué. »

L'auteur assure que celui qui subit ce mode de torture *doux* et *clément* (*diese linde Art zu foltern*), est forcé de convenir de tout péché qu'on lui reproche.

Il termine en répondant à une foule de questions accessoires qui lui ont déjà été adressées, et qu'il assure décider d'après *la lettre et le sens du droit divin et humain*. Il affirme, par exemple la question de savoir s'il faut donner la communion aux prisonniers, et il détermine comment et quand ceux-ci doivent la recevoir. Néanmoins, il pense que, dans ce cas, il ne faut leur appliquer la peine que six ou sept heures après la communion, pour qu'on ne risque point de brûler avec eux la forme du Saint-Sacrement.

M. Lucé, dans son manuscrit, passe sous silence un grand nombre de questions semblables, et se borne à rapporter les décisions suivantes :

1. Un juge *qui est convaincu et qui sait que l'accusé est innocent*, peut-il condamner à mort ?

Oui, puisque le juge doit décider les causes d'après les règles du procès juridique, et non d'après sa conviction particulière et individuelle. Aussi peu que les lois lui permettent de prononcer un jugement à lui seul, *sans témoins* ou sans procédure, aussi peu il lui est permis de renoncer au jugement, lorsqu'il y a *des témoins*, et après un procès régulièrement instruit.

2. Est-il permis au magistrat de gagner l'aveu des prisonniers par des *faits inventés* ou par de *fausses promesses ?*

Notre auteur soutient que Jean Bodinus l'assure sans difficulté ; lui cependant ne conseille pas de le faire sans distinction. Déjà Salomon a dit que celui qui ment périra, et il faut s'en tenir à cette maxime. Mais, continue-t-il, ce que les docteurs appellent *æquivocatio verborum*, l'emploi de mots équivoques ou à double sens, est chose tout différente. Cacher ou pallier une chose au moyen de termes et de mots obscurs et étrangers n'est pas mentir, et les juges sont bien excusés si, par une ruse bien choisie, ou par des questions ambiguës, ampoulées ou entortillées, ils obtiennent un aveu libre du lutin. C'est ainsi qu'un juge prudent de Liége a épargné, il y a peu de temps, poursuit-il, la torture à une sorcière, en lui disant : « Si tu me dis franchement la vérité, la ville te fera bâtir une *maison neuve.* » Mais il parlait d'une maison de paille et de bûches qu'on construit auprès du gibet pour des gens de cette espèce, et celle-là, elle l'a aussi fidèlement obtenue.

3. Doit-on mettre à la question des coupables qui se sont *amendés* (*welche begütet sind*, c'est-à-dire, dans la langue de ces temps, ceux qui, volontairement et sans question, *ont avoué* leurs péchés? — Oui, mais seulement dans le cas où ils refuseraient de dénoncer leurs complices, puisqu'il y a toujours des complices, car sur la place des sorcières on ne peut point danser seul.

4. Doit-on *brûler vif* ses magiciens, les sorciers et les sorcières ?

Dans les siècles antérieurs cela a toujours eu lieu, et cela peut encore se faire aujourd'hui contre des sorciers audacieux et impies qui bravent Dieu et l'Eternité. Mais de nos jours, à notre époque plus clémente, on n'est plus dans l'usage de tourmenter et de faire périr lentement dans les flammes ceux qui renoncent à leur union avec les esprits infernaux, ainsi qu'au profit qu'ils en attendaient, et qui, pleins de repentir, reviennent et prêtent de nouveau serment à Dieu

et à l'Eglise chrétienne. On se borne à les faire
étrangler ou décapiter préalablement, selon l'u-
sage des lieux, et leur cadavre seulement est
déposé dans les flammes et les cendres, pour la
conservation de la bonne justice, et pour empêcher que, pendant les longs tourments du bûcher,
ils ne pussent de nouveau abjurer Dieu, et pas-
ser ainsi d'un feu dans l'autre.

5. Doit-on adjuger et délivrer au fisc *(dem
Fiscus oder Krat-Seckel)* les biens (*Hab und
Gut)* des condamnés ?

Oui, les docteurs *utriusque juris* les plus célèbres le déclarent de bon droit, par la raison
que tous les lutins causent une disette plus ou
moins forte dans le pays, en faussant et en dé-
truisant le blé, le vin, les fruits, le lait, le beurre,
etc. ; il est donc juste et équitable que l'autorité
soit dédommagée de ce préjudice, ce qui ne
peut mieux avoir lieu qu'en remettant la fortune
des sorciers au fisc qui est là dans l'intérêt de
tous, ou en cédant une partie à l'Eglise, à la-
quelle il appartient surtout de prendre soin des
pauvres et de ceux qui se trouvent dans le besoin. Les héritiers des suppliciés n'ont aucun
droit à la fortune, puisque tout bien mal acquis,
comme est celui des sorciers et des sorcières,
ne mérite point d'être transmis à des succes-
seurs, et que ceux-ci, s'ils y faisaient des pré-
tentions, seraient soupçonnés de la même faute
et du même péché.

6. Que faut-il penser de *ceux qui prétendent
et disent qu'il n'existe point de sorcières* ?

Réponse. Ce sont tous des hommes impies,

des maîtres hétérodoxes, des hérétiques et non
des chrétiens, car ils le tiennent avec les athées,
les païens et les Turcs qui croient aussi qu'il
n'y a pas de diable ni d'enfer, et pour cela non
plus des magiciens. Mais de pareils incrédules
appellent sur eux le soupçon qu'ils sont malades
dans le même hôpital que les lutins, et qu'ils
prennent la défense des sorcières, uniquement
pour qu'on ne les saisisse pas eux-mêmes à leur
peau de renard ou de loup, pour les livrer aux
flammes, comme ils le méritent. Il leur arrivera
ce qui est advenu à ce sorcier, dont l'éloquent
George Scherer a raconté le sort dans un sermon
de Pâques. « Ce misérable, a-t-il dit, avait en-
« gagé son corps et son âme au diable dans un
« contrat, sous la condition qu'il viendrait à son
« secours dans toutes les adversités. Mais qu'ar-
« riva-t-il? Cet homme impie fut condamné à
« mort pour un crime. Il est conduit au lieu or-
« dinaire du supplice, et lorsqu'on voulut lui
« appliquer sa peine, il regarde avec insolence
« autour de lui, pour voir s'il n'apercevait nulle
« part son libérateur. A la fin il le reconnaît sous
« la forme d'un vautour, assis non loin de lui
« sur un arbre, et lorsqu'il lui fait signe de se rap-
« peler maintenant sa promesse et de le tirer
« de ce mauvais pas, son compagnon refuse de
« le faire. Alors le pauvre diable dupé, hurla,
« grinça des dents de colère et de rage, il
« se targue en vain de sa probité; il reconnaît
« bientôt, mais trop tard seulement, dans le
« gouffre de l'enfer, quel rusé matois *(fripon*
« *fieffé)* est le Satan. »

Mais en voilà bien assez de ce mémoire étrange auquel je me suis efforcé de conserver, dans la traduction, son style caractéristique. Le court extrait qui précède dispense de tout commentaire ; il peint mieux que ne pourraient le faire tous les raisonnements, tout ce qu'il y avait de révoltant, de contre-nature, d'aveugle, dans ces accusations ridicules et dans un pareil mode de procédure.

« Cette pièce, dirai-je en terminant avec le
« respectable pasteur auquel j'ai emprunté les
« passages de ce document qu'on vient de lire,
« cette pièce ne semble-t-elle pas renfermer les
« fragments d'un système inventé tout exprès,
« dans le but d'effrayer et d'éblouir le genre hu-
« main à l'aide de ces caricatures et de ces fan-
« tômes hideux d'un monde invisible, pour le
« diriger sans peine et le mener comme en li-
« sière, ainsi isolé et paralysé dans ses plus no-
« bles facultés, partout où l'on voulait ? »

L. Schneegans.

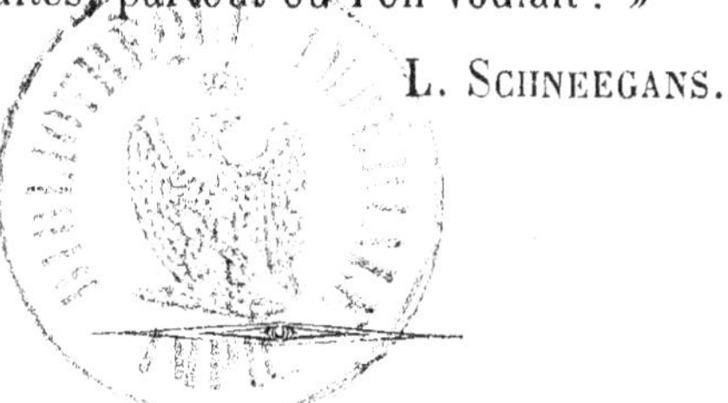

Colmar, Imp. de C. Decker.